RÉSUMÉ

SERVANT DE RÉPONSE

POUR M. JULIEN, *Propriétaire du Théâtre français;*

CONTRE S. A. S. Monseigneur le DUC D'ORLÉANS.

Les nombreux conseils du Prince ont rivalisé de zèle pour sa défense. Quatre Mémoires et une Consultation, ouvrages de jurisconsultes profonds et d'écrivains habiles, ont été publiés : une action qui serait autorisée par la loi n'exigerait pas autant d'efforts. Nous les combattrons en masse, en réunissant ce que ces écrits offrent d'important sur chaque question.

§ Ier.

Le Prince est sans qualité et sans titre pour réclamer la propriété du théâtre.

Le premier soin du Prince et de ses conseils est de calmer les alarmes et de désarmer l'intérêt public. Il faut, disent-ils, isoler la cause de tous les principes sur les ventes de biens nationaux; les acquéreurs de ces biens ne doivent en concevoir aucune inquiétude; l'adjudication du théâtre n'a pas été faite administrativement; elle n'est donc pas nationale.

Mais espère-t-on nous abuser par des mots, et nous faire oublier les choses ?

I

Quel est le principe sacré qui importe à tous les Français et à la sûreté de l'Etat ? c'est que tous les droits acquis avant la restauration soient religieusement respectés, quelle que soit la source qui les ait produits : principe d'ordre public commandé par une sage politique, qui n'aurait besoin d'être consacré par aucune disposition, et qui est proclamé par le sénatus-consulte de floréal an 10, par la Charte, par l'ordonnance royale du 21 août 1814, et par l'art. 1er de la loi du 5 décembre suivant.

Ce n'est pas seulement pour les ventes de biens nationaux que cette garantie du passé a été proclamée, c'est pour toutes les opérations consommées, quelle que soit leur nature, quel qu'en soit l'objet. Elle est d'un plus haut intérêt pour ces ventes, parce qu'elle est à cet égard d'un intérêt plus général ; mais elle n'est pas limitée à ces seuls actes des gouvernemens nombreux qui se sont succédés depuis 1789. Tous les autres sont environnés de la même protection ; le même principe leur est commun ; dicté par une considération politique qui embrasse tout le passé, il ne pourrait être violé sans porter à cette garantie une atteinte qui en détruirait tout le charme et toute la puissance.

L'esprit peut-il bien calculer toutes les conséquences d'une première violation, quel qu'en fût l'objet ? S'il est permis de dépouiller le sieur Julien parce que l'adjudication n'a pas été faite avec les formes administratives ; si, pour atteindre ce but, on peut fouiller dans les archives de la Convention et de ses comités, critiquer ses arrêtés et ses registres, interroger les minutes des correspondances tenues entre les ministres, quel est le droit qui peut être certain de résister à de pareilles investigations ? Si les ventes des biens nationaux seules sont exceptées de pareilles attaques, il faudra donc voir tout le surplus de ce qui s'est passé depuis 1789 remis en problème ? une guerre intestine sera organisée contre tout le passé ; elle menacera d'une destruction prochaine tout ce qui n'est pas vente administrative : ce sont ces conséquences qu'a saisies l'opinion publique, et que l'art le plus consommé tenterait en vain de lui déguiser.

Mais il ne faut pas se le dissimuler : l'exception même qu'on paraît accorder en faveur de ces ventes ne serait que passagère ; lorsqu'on serait parvenu à faire consacrer la violation du principe dans les autres matières, on ne s'arrêterait pas dans un chemin aussi bien aplani ; les raisons seraient les mêmes ; elles étendraient bientôt leur empire aux aliénations des biens nationaux comme à tous les autres droits. Bientôt on verrait les anciens propriétaires, peut-être même les agens zélés du fisc, se livrer aux recherches les plus minutieuses, examiner, scruter toutes les pièces qui constituent ces ventes, les procès-verbaux d'estimation, les enchères, les adjudications, saisir quelque vice, l'absence d'une signature sur une minute, l'omission d'une formalité, et fatiguer les acquéreurs, les détenteurs par des actions judiciaires. Quel est le possesseur qui serait assuré de sa propriété ? La crainte seule ne serait-elle pas une calamité publique ?

Contre ces dangers il n'est qu'une sauve-garde assurée, c'est le maintien religieux de tous les droits acquis avant la restauration, quel que soit l'objet sur lequel ils s'exercent.

Ce principe salutaire prend une force nouvelle lorsque ces droits prennent leur source dans des lois et des actes du gouvernement relatifs à l'émigration. C'est la disposition de l'article premier de la loi du 5 décembre 1814 : il ne les restreint pas aux ventes ; toute espèce de droits sont maintenus, s'ils sont réclamés en vertu de lois ou actes qui se rattachent à l'émigration.

Dans le système du Prince, n'est-ce pas son émigration et la condamnation de son père, assimilée par les lois de la matière à l'émigration, qui ont saisi l'Etat de leurs droits, qui ont investi le gouvernement de la propriété du théâtre, ou de la faculté de la réclamer, qui ont appelé le comité des finances à prononcer, qui ont remis dans les mains des ministres, et des autres dépositaires de l'autorité publique, le pouvoir ou d'exécuter l'adjudication, ou d'en réclamer l'annulation ? Tous les actes de ces gouvernemens qui ont concouru à ce maintien ne sont-ils pas relatifs à l'émigration ?

Ainsi, ne cherchons plus la nature des droits réclamés par le sieur Julien, ni le caractère de la vente; la loi, et la considération d'ordre public qui l'a dictée, ne permettent pas cette futile distinction.

Si elle était de quelque utilité, nous prouverions que l'adjudication est protégée par le principe commun à toutes les ventes de biens nationaux.

Quel est le motif de ce principe? Le législateur n'a pas voulu que l'Etat, ou ceux qui le représentent, par la restitution, pussent troubler les détenteurs d'aucune portion du domaine public qui avait été aliénée. Ce n'est pas à raison du mode de vente que cette loi de sécurité a été portée; le lieu dans lequel l'adjudication avait été faite, les formalités observées, l'officier qui en avait été le ministre, étaient des considérations qui n'entraient pour rien dans la pensée du législateur; la nature du bien était tout pour lui. C'était une partie du domaine de l'Etat; cela suffisait à sa sagesse pour déterminer le sacrifice qu'il faisait au repos public. Le caractère de la vente dépend uniquement de la nature du bien : aussi la loi a-t-elle garanti toutes les propriétés nationales vendues. Les conseils du Prince emploient d'autres exceptions que celles de la loi; la confusion des mots produit souvent la confusion des idées. On parle toujours, au nom du Prince, de ventes nationales; par cette dénomination, on veut désigner celles qui ont été faites par les autorités administratives, comme si elles devaient seules participer à la garantie promise par la loi : c'est une double erreur; le langage de la loi est tout différent; elle *garantit les ventes de biens nationaux;* expressions qui se rapportent à la nature du bien et non à la forme de la vente, et qui ne permettent aucune distinction puisée dans le mode d'aliénation. Partie du théâtre était propriété nationale; ce fait suffit pour que l'adjudication soit soumise à la législation protectrice des ventes de biens nationaux.

Si la forme de l'aliénation était de quelque importance pour l'application de ces lois, il faudrait dire que la vente faite dans une forme autorisée par une loi d'exception doit être rangée dans la même classe que si elle était l'ouvrage d'un corps administratif; le mode suivi prend la place et opère les mêmes effets que celui auquel il a été substitué.

Enfin ce mode serait devenu national par les faits qui l'ont suivi; le prix de la vente a été reçu par le Gouvernement; l'aliénation a été ratifiée, approuvée, exécutée par de nombreux actes administratifs à des époques où le droit de réclamer cette propriété appartenait à l'Etat. Quelle différence peut-on établir, pour le principe de la garantie assurée aux tiers-acquéreurs, entre la vente faite administrativement, et la ratification administrative de la vente d'un domaine public? Les principes qui protègent l'acquéreur, et surtout le tiers-détenteur, peuvent-ils être d'une autre nature dans ces deux circonstances?

La foi publique serait également violée; c'est surtout au sieur Julien qu'appartient le droit de la réclamer : son contrat atteste qu'il n'a voulu acquérir cette propriété qu'après une décision qui aurait fixé irrévocablement son sort. L'Etat seul pouvait être alors intéressé à contester l'adjudication; la mort du père, l'émigration du fils concentraient dans l'Etat tous leurs droits; soit en vertu de la confiscation, soit par la force de la reversion, le domaine seul pouvait en réclamer; l'autorité publique déclare par ses premiers organes qu'elle n'en peut exercer aucun, qu'elle n'y a point d'intérêt; elle en fait l'abdication la plus solennelle. Lorsque le sieur Julien a acquis, a payé, a possédé vingt-deux ans sous la foi de cette décision et de plusieurs qui l'ont suivie, il serait dépouillé! la législation sur les biens nationaux ne serait pas ouvertement violée! Les biens ne comprennent-ils pas les actions comme les immeubles? les actes qui frappent sur les actions n'ont-ils pas la même puissance que ceux qui s'attachent aux objets corporels?

On invoque contre le sieur Julien la loi du 1er décembre 1790 qui annulle les ventes faites sans le concours de la nation.

Nous établirons le concours de l'Etat dans l'adjudication du théâtre : mais quand il manquerait, peut-on oublier que les lois postérieures emportent dérogation nécessaire à celles qui précèdent? D'autres temps, d'autres lois. L'état politique de la France en 1814 exigeait une mesure législative différente ; la sagesse du souverain l'a prescrite ; il a ordonné le maintien des ventes consommées ; sa volonté doit être respectée.

On veut restreindre les droits maintenus à ceux qui sont conformes à la loi : ainsi il faudrait les discuter pour reconnaître s'ils sont en tous points, soit dans la forme, soit au fond, acquis suivant les lois.

Cette interprétation anéantirait le principe. Lorsque le législateur a voulu maintenir par une mesure générale tous les droits acquis, son but a été de prévenir les discussions individuelles sur chacun des actes émanés des gouvernemens antérieurs ; il a prévu que chacun d'eux serait la source d'une contestation particulière ; que la passion et l'esprit de parti présideraient souvent aux décisions qui interviendraient ; enfin il a reconnu qu'un évènement destiné au bonheur de tous les Français ne pouvait être le signal d'actions nombreuses propres à dépouiller les uns pour enrichir les autres.

Que deviendraient les motifs et le but du législateur s'il fallait discuter sur chacun des droits acquis pour savoir si sa naissance était régulière ou illégitime, si son existence aurait été légale ? toute cette controverse aurait renouvelé les débats que la loi a voulu prévenir et étouffer.

Dans ce cas la loi eût été complètement superflue. Il n'était pas nécessaire que le législateur parlât pour apprendre aux Français que ce qui était inattaquable et à l'abri de toute critique serait maintenu ; mais il avait besoin d'intimer sa volonté pour interdire la controverse sur tous les actes indistinctement, même irréguliers, quand ils avaient conféré des droits à des tiers.

Si la loi avait besoin de complément, il se trouverait dans les discours nombreux des orateurs qui ont professé unanimement, dans les deux Chambres, l'opinion que la loi était destinée à régulariser les actes du Gouvernement qui auraient été susceptibles de critique.

Pour fixer sans retour le sort de tous, la loi a pris pour règle immuable l'état des choses au jour où elle prononçait. Tout ce qui faisait encore partie du domaine de l'Etat a formé le lot de la restitution ; tout ce qui était sorti du domaine, et passé dans les mains des tiers, leur était acquis : il n'est plus permis de rechercher si leurs titres sont réguliers ; le retour sur le passé est interdit.

« Faisons pour une classe infortunée, disait M. Dumolard, tout » ce que la constitution permet ; mais *élevons ensuite un mur d'airain* » *entre le passé et l'avenir.* »

« *Tous les actes* dans lesquels un tiers est intéressé, disait M. Fager » de Baure, *tous les actes du Gouvernement en faveur d'un tiers* » *sont indestructibles.* »

« Il n'y avait plus qu'une seule distinction à faire, ajoutait M. Car- » bonnel, *entre les biens vendus et les biens non vendus*; la ligne » de démarcation entre les uns et les autres était tracée d'une manière » positive ; nous ne pouvions plus ni franchir ni dépasser cette ligne : » en deçà comme au-delà l'on ne voit que d'affreux précipices. » *Tout ce qui avait été vendu était irrévocable ; l'intérêt des tiers-* » *acquéreurs, d'accord avec l'intérêt* de la tranquillité de l'Etat, et » la Charte constitutionnelle le voulaient ainsi. »

M. de Sacy, en discutant la proposition faite par la commission d'ajouter les actes du Gouvernement à ceux qui avaient conféré des droits irrévocables, se faisait cette objection : « *Ce sera régulariser* » *des actes arbitraires* »; et il répondait : « Cela est vrai, et c'est pour » cela que je trouve cette addition nécessaire, car si la loi ne les » régularisait pas, *on pourrait vouloir porter atteinte à des transac-* » *tions faites sur la foi de ces mêmes actes.* »

Enfin M. Bouchard, M. Bedoch, rapporteur de la commission, et tous les autres membres, se réunissaient à ces sages observations. « Savez-vous, disait M. Bedoch, où conduirait le système contraire ? » On ne manquera pas d'attaquer sous toutes sortes de prétextes » les ventes consommées ; on alléguera des défauts de formes ; il en » résultera des troubles, des désordres dans toute la France. Toutes » les transactions seront contestées. »

Il est donc bien démontré que le fait seul de la vente interdit toute action. Nul ne peut la soumettre à une critique que la loi prohibe.

Il importe peu comment la vente a été faite ; la loi n'établit à cet égard aucune distinction ; les droits et l'intérêt des tiers ont seuls déterminé sa disposition ; ils sont les mêmes dans toutes les ventes.

Mais, dit-on, la loi n'embrasse que les biens personnels des émigrés, non ceux des apanagistes.

Il serait bien étrange qu'elle eût été plus sévère contre les tiers-détenteurs qui ont acquis des biens provenus du domaine, que contre ceux qui possèdent des biens propres aux émigrés. Si une restitution était commandée par l'équité, c'était celle des biens propres. Le maintien des aliénations doit au moins être égal.

Mais on cherche en vain dans la loi la distinction proposée ; sa disposition est générale pour tous les biens non vendus ; elle consacre avec la même généralité toutes les aliénations opérées. Chaque article convient à tous les biens dont le restitué ou son auteur avait été propriétaire à quelque titre que ce fût.

Il faut que les conseils du Prince choisissent : ou la loi de décembre 1814 est étrangère aux apanages : dans ce cas la remise des biens qui les constituaient, et leur érection nouvelle avec les droits qui les composaient ne se trouvent dans aucune disposition législative ; ou ils sont compris dans les dispositions générales de cette loi, et ils sont soumis comme toutes les autres restitutions aux exceptions écrites dans l'article premier ; mais le choix n'est même pas à leur disposition ; le Prince est évidemment soumis à l'empire de cette loi. Pendant son émigration ses droits ont appartenu à l'Etat ; la restitution ne peut lui en être faite qu'à la charge de maintenir ceux qui ont été acquis à des tiers. Il ne faut pas voir seulement le Prince apanagiste, il faut voir aussi l'émigré soumis, comme tous ceux dont il a partagé l'honorable exil, à la condition imposée par la loi. Il faudrait une disposition expresse pour soustraire cette restitution à la condition commune : cette exception n'existe pas ; les ordonnances royales ont au contraire imposé au Prince une loi particulière conforme à la loi générale.

Avant de discuter les conséquences tirées de ces ordonnances, qu'il nous soit permis de renouveler la doctrine politique que nous avons professée à l'audience.

Si le Souverain avait déclaré sa volonté de rétablir l'apanage en faveur de la famille d'Orléans, même de le recomposer des mêmes élémens qui le constituaient, au préjudice des tiers-acquéreurs qui possèdent, nous nous abstiendrions de tout examen devant le Tribunal; nous porterions nos humbles remontrances au pied du trône, et nous réclamerions les droits acquis à ces tiers ; la justice du souverain nous est un sûr garant que nous ne l'invoquerions pas en vain : c'est donc sans motif qu'on a essayé de nous peindre comme ayant eu le projet de hasarder dans la cause une critique indiscrète contre ces actes du Souverain.

Nous avons dit, et nous pouvons répéter, sans blesser son auguste Majesté, qu'elle n'avait pas rétabli l'apanage d'Orléans, et que, dans toute hypothèse, elle n'y avait pas rétabli les parties aliénées, et qui n'étaient plus dans le domaine en 1814.

Que les ordonnances n'aient pas fait revivre la qualité et les droits d'apanagiste, c'est une vérité prouvée par leur texte même. Elles accordent une restitution sans lui imprimer un caractère qui soit capable de recréer une institution détruite par des lois formelles.

Les conseils du Prince conviennent que les deux premières n'offrent pas la pensée qu'on veut prêter à leur auteur; mais ils prétendent la trouver dans la troisième, qui est interprétative des deux autres.

Remarquons d'abord qu'il serait un peu surprenant que cette volonté, qui aurait présidé à la restitution faite en mai 1814, ne se fût manifestée qu'en octobre suivant : si elle avait été réelle, si elle avait dicté le bienfait, elle se fût imprimée dans les premières ordonnances.

Voyons au surplus le texte de la troisième.

2

« En restituant à notre très-cher et amé neveu le duc d'Orléans
» *les biens non aliénés* dont notre cousin Louis-Philippe-Joseph, duc
» d'Orléans, son père, a joui à quelque titre et sous quelque déno-
» mination que ce soit, nous avons entendu, et notre intention a été
» que lesdits biens *sortissent de nos mains* pour *passer directement*
» dans celles de notredit neveu, et dans celles de notre très-chère et
» aimée cousine Louise-Adélaïde-Eugénie d'Orléans, sa sœur, pour
» ce qui peut la concerner, et à leur profit exclusif. »

Le Roi rappelle qu'il a rendu tous les biens non aliénés dont le
feu prince avait joui à quelque titre et sous quelque dénomination que
ce fût : c'était un fait vrai, constaté par les deux premières ordonnances, que le sieur Julien ne conteste pas; mais dit-il par là que le
Prince actuel les possédera au même titre que son père, avec le même
caractère, lors même qu'il serait effacé par des lois qui ne sont pas
rapportées ; en un mot, à titre d'apanage ?

Cette conséquence n'est pas dans l'ordonnance : puisqu'elle aurait
été rendue pour expliquer les deux premières, il eût été naturel, nécessaire même, que cette volonté fût déclarée en termes exprès : elle
intéressait les tiers.

Comment la concilier avec la transmission directe qui doit s'opérer
des mains du Souverain dans celles du Prince et de la Princesse sa
sœur ? S'il y avait apanage continué dans sa création et sa durée pri-
mitives, le Prince ne recevait pas les biens directement du Roi, mais
de son titre, de sa naissance et de son père.

Si les ordonnances n'ont pas recréé l'apanage, son existence peut
encore moins être considérée comme l'effet nécessaire de la restauration, comme une conséquence obligée et de droit.

La similitude qu'on a voulu établir entre le Souverain réintégré de
droit dans toutes les prérogatives de la royauté, et un Prince de son
sang restitué aussi de droit dans les priviléges attachés à sa fortune,
est inexacte sous beaucoup de rapports.

Il est de l'essence de la royauté qu'elle reprenne tous ses attributs
dès le moment où l'usurpation cesse, parce qu'elle ne pourrait exister

sans eux, et que l'état monarchique ne pourrait se concevoir sans un Souverain revêtu de la puissance et des prérogatives de la royauté.

Mais un prince de la famille royale peut se concevoir et exister sans un apanage en biens-fonds; s'il ne trouve pas dans les revenus attachés à sa branche un éclat proportionné à son rang, ce sera un devoir pour l'État d'y pourvoir; mais ce devoir sera l'objet d'une disposition législative : il sera moins rigoureux, peut-être même n'existera-t-il pas si ce prince possède plusieurs millions de revenus; il n'exigera pas au moins des immeubles en nature.

C'était sans doute une institution respectable que celle des apanages en corps héréditaires; mais elle n'était pas de l'essence de la monarchie. Quelle preuve plus énergique de cette vérité que la loi du 8 novembre 1814, qui n'accorde au frère de notre Souverain et à sa famille que des rentes apanagères?

Si le caractère de Prince français a été indélébile, ses conséquences et ses effets n'ont pas partagé la même immuabilité. Tout ce qui est le résultat des institutions humaines est soumis à la variation, surtout ce qui regarde les biens et la fortune : on ne peut donc soutenir que le Prince a été réintégré de droit, et par la force seule de la restauration, dans les biens composant l'apanage ancien de sa famille.

Ses conseils en sont si bien convaincus, qu'ils veulent trouver ce rétablissement dans les ordonnances royales.

Admettons pour un instant leur système : au moins faudrait-il reconnaître qu'elles lui imposent une condition qu'il doit respecter : elles ne restituent que les biens non vendus. Voilà cette ligne tracée entre le passé et l'avenir, qui a été reproduite dans la loi du 5 décembre de la même année. Admirons la sagesse du Souverain et l'uniformité de sa marche : qu'il accorde des faveurs particulières, qu'il porte des ordonnances individuelles, ou qu'il propose des lois générales, sa pensée est toujours la même : le maintien des ventes effectuées est une mesure qui doit garantir le repos public; elle se reproduit par-tout. Si les ordonnances particulières au Prince avaient besoin d'un commentaire, où le trouver plus clair, plus respectable que dans la loi générale qui l'a suivie de peu de jours ?

L'un des conseils du Prince a bien prévu la force de cette condition imposée par la loi et par les ordonnances : aussi a-t-il été plus hardi : il a avancé qu'il n'y avait pas de vente : alors la loi ne peut maintenir ce qui n'existe point.

Le lecteur voudra bien nous dispenser de réfuter cette assertion. Qu'on soutienne la vente nulle, on le conçoit ; c'est ce que nous examinerons ; mais dire qu'il n'y en a pas lorsqu'il existe un procès-verbal d'adjudication publique, lorsqu'elle a été consacrée par une décision spéciale, lorsque le prix a été payé , lorsque son exécution a été autorisée par une foule d'actes administratifs, lorsqu'elle a été suivie de vingt-cinq ans de possession , c'est une assertion indigne d'un jurisconsulte. Il n'y aurait pas un seul acte dont on ne fût autorisé à contester l'existence pour se dispenser d'en prouver la nullité.

Si cette vente n'existe pas, pourquoi l'action intentée au nom du Prince a-t-elle pour objet d'en faire prononcer l'annulation ?

C'est donc une première vérité au procès que les principes protecteurs du repos public, la Charte, l'ordonnance du 21 août 1814, la loi du 5 décembre, les ordonnances particulières au Prince ne permettent pas de soumettre à la critique et à l'examen l'aliénation du théâtre au nom d'une partie qui était frappée des lois sur l'émigration, soit au moment où elle a été faite, soit aux époques où elle a été approuvée et sanctionnée par les autorités qui la représentaient.

§ I I.

L'action ne serait pas fondée.

Plusieurs moyens de nullité avaient été proposés à l'audience ; mais les jurisconsultes ont fixé leur attention, et concentré leurs efforts sur deux seuls :

1°. Toute la propriété était inaliénable comme partie d'un apanage ;

2°. La vente est nulle, parce que les formes n'ont pas été observées.

Nous imiterons leur exemple, et nous réduirons notre examen sur le fond à ces deux questions.

Le premier point à vérifier est de savoir si une partie *considérable* du terrain occupé par la salle était susceptible d'être aliénée.

L'auteur du Mémoire publié sur cette partie de la cause soutient que tous les terrains enluminés en rouge sur le plan annexé aux lettres patentes de 1784 n'ont pas été compris dans l'autorisation; que, limitée par ces lettres à 3,500 toises, elle doit être exclusivement appliquée à ceux qui sont occupés par les galeries et les trois rues.

Les lettres patentes se contentent de déterminer le nombre de toises dont l'aliénation est autorisée, sans en spécifier l'emplacement; elles renvoient pour cet objet au plan annexé, en déclarant qu'elles sont marquées sur ce plan par une couleur rouge. Le plan est donc identifié avec les lettres patentes, il en fait une partie indivisible.

Il serait bien étonnant que M. Louis, auteur du plan, eût signalé par la couleur rouge une quantité de toises supérieure à celle annoncée par les lettres patentes.

Si cette erreur existait, pourquoi retrancherait-on de la partie aliénable le terrain de la salle plutôt que celui des passages? S'il fallait opérer une réduction, et faire un choix entre un terrain qui est encore disponible et un autre aliéné, il faudrait sans hésiter maintenir dans les 3,500 toises celui qui a été mis dans le commerce et qui est couvert de constructions importantes : ce choix conserverait les droits de tous; les lettres patentes et le plan seraient conciliés, et personne ne serait dépouillé.

Mais la contradiction alléguée n'existe pas.

Voici comment on parvient à la supposer : on comprend sous la couleur rouge des parties qui n'ont point cette teinte et qui en sont très-distinctes. Ces trois rues, appelées *passages* dans le Mémoire, sont figurées sur le plan par une couleur très-pâle, difficile à déterminer, et qu'il a plu aux conseils du Prince de convertir dans un rose voisin du rouge. On a distribué des plans sur lesquels cette imitation opérerait un rapprochement entre ces trois parties et celles teintes en rouge. Il y a erreur : le plan original établit une distinction, je dirais une opposition entre le rouge et la couleur donnée à ces trois passages.

Ce point de fait rétabli, il n'y a plus ni obscurité ni contradiction : les lettres patentes n'autorisent l'aliénation que de 3,500 toises marquées en rouge sur le plan. M. Louis n'a désigné que 3,500 toises en rouge sur son plan ; elles se composent, 1°. des terrains occupés par les galeries en pierre ; 2°. de la cour des Fontaines ; 3°. de 234 toises occupées par la salle ; 4°. d'une maison sur la rue de Richelieu.

Ces quatre parties sont toutes d'un rouge prononcé, d'une teinte égale et uniforme : comment espère-t-on substituer une autre couleur à celle indiquée exclusivement par les lettres patentes, diviser des objets absolument identiques sur le plan, placer les uns dans la classe aliénable, et les autres dans celle inaliénable ?

On nous parle d'une couleur rose donnée aux passages. Il faut que l'œil se prête avec complaisance pour reconnaître du rose dans ces parties du plan ; il serait au moins bien voisin d'une autre couleur. Mais le fait fût-il certain, qu'en conclure ? Si les parties enluminées en rouge étaient insuffisantes pour former les 3,500 toises, peut-être pourrait-on prendre du rose pour compléter cette quantité ; mais lorsqu'elle existe dans la couleur indiquée par les lettres patentes, retrancher une portion des terrains ainsi marqués pour les remplacer par d'autres marqués en rose, cela est impossible : on ne peut pas ainsi refaire à son gré un plan légal signé par le Prince lui-même, consacré par des lettres du Roi, et par un arrêt du Parlement qui les a enregistrées.

Pour recomposer ce plan, on imagine de faire entrer les terrains des trois rues dans les 3,500 toises, et d'en exclure ceux de la salle

et de la cour des Fontaines : mais combien d'obstacles à ce dé-
placement !

D'abord la substitution dans les couleurs que nous venons de discuter ;

Puis le texte des lettres patentes : elles veulent que 3,500 toises
soient accensées à raison de un franc par toise. Les terrains des rues
n'ont jamais été accensés, et ne pouvaient l'être ; s'ils font partie des
3,500 toises, la quantité accensée sera incomplète. Le Prince a-t-il
accensé 3,500 toises au-delà du terrain occupé par la salle ? Dans ce
cas que ses conseils nous en fournissent l'état ; si les accensemens
effectués n'ont pas excédé la quantité prescrite, en comprenant le sol
de la salle, plus de motif de les réduire.

Les lettres patentes veulent que les 3,500 toises deviennent la propriété particulière de ceux auxquels les accensemens seront consentis.
Les rues ne peuvent être la propriété privée de personne ; elles ne sont
point comprises dans les aliénations : comment le vœu des lettres
patentes sera-t-il encore rempli ?

Les trois rues comprennent 2,500 toises ; si elles sont à prendre sur
les 3,500 toises, il ne restera plus que 1000 toises environ pour les
bâtimens des galeries ; cependant ils couvrent plus de 2,200 toises :
il faudra donc déclarer que 1,200 toises couvertes par ces constructions n'ont pu être aliénées ; il faudra encore les faire rentrer dans
l'apanage.

Pour parer à cet inconvénient, les conseils du Prince ne comprennent
nent dans les 3,500 toises dont l'aliénation est autorisée, qu'une partie
des trois rues, jusqu'à concurrence de 1,322 toises seulement. Mais
sur quelle base peut-on asseoir ce calcul arbitraire ? Comment couper
ces rues à volonté ? elles n'auraient donc plus d'issues ?

Est-ce ainsi qu'elles sont figurées sur le plan annexé aux lettres
patentes ? On y voit, au contraire, qu'elles se prolongent d'un côté
jusqu'à la rue de Richelieu, de l'autre jusqu'à la rue Saint-Honoré :
il est impossible de les couper : ou elles doivent entrer pour le tout
dans les 3,500 toises, où elles ne doivent y être comprises pour au-

cune portion. Au premier cas, la moitié des galeries était inaliénable ; au deuxième cas , la partie de la salle était élevée sur un terrain dont l'aliénation était autorisée.

Si la rédaction des lettres patentes et du plan annexé laissait quelque doute , il faudrait, sans hésiter , donner la préférence à une interprétation qui conserverait des propriétés acquises de bonne foi.

Les tiers n'ont pu consulter que le plan pour connaître l'emplacement des 3,500 toises aliénables ; ils ont dû croire que toutes les
parties figurées en rouge étaient comprises dans cette quantité ; il
leur était impossible de faire mesurer tous les terrains pour s'assurer
si elle n'avait pas été excédée : ils auraient inutilement pris cette
précaution, puisque le plan offrant les trois rues sous une couleur différente du rouge, ils n'auraient pu deviner qu'elles devaient faire
partie des 3,500 toises, et remplacer d'autant les parties réellement
teintes en rouge ; ils auraient donc été victimes d'une erreur forcée ;
leur erreur aurait été fortifiée par la déclaration expresse faite par le feu
Prince , et consignée dans sa pétition de mars 1792 , que la salle et
les maisons de la cour des Fontaines restaient à vendre en vertu
des lettres patentes de 1784 ; il aurait expliqué lui-même aux yeux
de l'Assemblée nationale et du public le sens véritable de ces lettres
patentes ; ses mandataires auraient répété sur sa foi, dans le procès-
verbal d'adjudication de la salle, que 234 toises faisaient partie des
3,500 toises comprises dans les lettres patentes ; les tiers, le sieur
Julien auraient traité sur la foi de tant de garanties , et ils auraient
été trompés ! Pour l'honneur même du feu Prince et de sa mémoire , il faut proscrire un pareil système, il faut maintenir la com-
position des 3,500 toises telle qu'elle est sur le plan : celle proposée
ferait naître des réflexions trop douloureuses.

Que l'on dise encore pour le Prince que les lettres patentes indi-
quent le sol des passages comme destiné à faire partie des 3,500 toises ;
chacun répondra qu'il faut nécessairement donner à cette expression
un sens qui la concilie avec le plan, et avec toutes les raisons de décider qui viennent d'être développées. Les passages dont parlent les

lettres patentes sont ceux qui sont teints en rouge sur le plan ; il en existe de vastes et d'importans : d'abord toute la galerie intérieure renfermée dans les grilles, de plus les passages qui sont aux deux extrémités de la galerie parallèle à la rue Neuve-des-Petits-Champs. L'obscurité vient de ce qu'on a donné aussi ce nom aux trois rues. Nous ignorons si on a eu un motif de répandre cette obscurité dans la rédaction. Les agens du feu Prince auraient-ils voulu laisser croire à l'autorité que les terrains des rues seraient compris dans les 3,500 toises, tandis qu'ils obtenaient réellement une autorisation tout-à-fait étrangère à ces terrains ? C'est un mystère qu'il ne nous appartient pas de pénétrer, qu'il appartiendrait moins encore aux conseils du Prince actuel de supposer : il nous suffit que les lettres patentes n'ordonnent pas expressément que les trois rues fassent partie nécessaire des 3,500 toises : loin de l'ordonner, elles présentent des conditions inapplicables à ces terrains.

Lorsque, dans un acte, une clause peut être obscure, il faut consulter l'exécution ; c'est un des interprètes les plus sûrs qu'on puisse adopter. Déjà nous avons dit que le feu Prince a fixé dans sa pétition le sens des lettres patentes, en indiquant le théâtre au nombre des propriétés qu'il avait le droit de vendre : voici un autre fait non moins énergique :

Sur une partie de terrain, en tout semblable à celui du théâtre, est une maison sur la rue de Richelieu ; elle a été mise en vente dès le mois d'octobre 1792, et adjugée le 6 novembre suivant ; le Prince était présent ; la vente a été faite avec son concours ; elle est son ouvrage personnel. Il a donc pensé que ce terrain était compris dans les lettres patentes ; il ne peut faire partie des 3,500 toises sans que celui du théâtre en dépende également.

Les lettres patentes veulent, dit-on, que les 3,500 toises soient prises dans le pourtour du jardin : cette position ne peut convenir à la salle.

Sans rechercher l'état ancien des lieux, l'étendue qu'avait alors le jardin, si le terrain de la salle ne se trouvait pas placé dans son pourtour, nous ferons à cet argument une réponse directe : il est le fruit

d'une erreur complète. Les lettres ne prescrivent pas que les 3,500 toises seront prises en totalité dans le pourtour du jardin : cela ne pouvait pas être dit lorsqu'elles renvoyaient au plan annexé.

On a confondu la demande du Prince avec les lettres accordées par le Souverain : dans cette demande on fait valoir les avantages du projet, l'embellissement que produiront des constructions le long des trois côtés du jardin parallèles aux rues des Bons-Enfans, Neuve-des-Petits-Champs et de Richelieu.

Voilà le seul passage de la demande où elle indique que les terrains nécessaires aux constructions devront être pris le long du jardin ; mais il n'y est pas dit qu'aucune partie ne pourra être prise dans un autre emplacement. Pourquoi l'aurait-on dit ? Lorsque les terrains nécessaires aux galeries projetées auront été employés le long des trois côtés du jardin, nul motif ne pouvait s'opposer à ce que le complément des 3,500 toises fût pris dans une autre partie de l'apanage plus favorable aux constructions.

Mais que va devenir, dit-on encore, la désignation portée dans les lettres patentes ? Elles exigent que les terrains soient parallèles aux rues : celui occupé par la salle ne serait pas parallèle à la rue de Richelieu ; une ligne n'est point parallèle à elle-même ; le terrain de la salle fait partie de la rue.

Il est bien vrai en géométrie qu'une ligne n'est point parallèle avec elle-même ; il faut pour établir un parallélisme deux lignes distinctes, comme il faut pour toute comparaison deux objets séparés ; mais, de bonne foi, a-t-on pu dire que la salle et la rue de Richelieu sont une seule chose ; que le terrain de l'une est le terrain de l'autre ? La salle est parallèle à la rue de Richelieu, donc son terrain a la même qualité à l'égard du terrain formant la rue.

Les lettres patentes nous en offrent un exemple : en parlant de la façade que le Prince avait commencé d'élever sur la rue Saint-Honoré, on dit *parallèlement à cette rue*. La position de la salle sur la rue de Richelieu est la même que celle de la façade sur la rue Saint-Honoré.

On dit enfin, pour le Prince, que les lettres patentes ont modifié le plan de M. Louis, et restreint la latitude qu'il avait donnée à ses projets.

Si le Souverain avait entendu modifier le plan, il aurait déclaré cette volonté par ses lettres patentes; il n'aurait pas renvoyé au plan.

Sur quels renseignemens une pareille modification aurait-elle été opérée ? Voit-on une instruction préalable qui ait déterminé le Souverain à restreindre le projet et son exécution? La demande a été accueillie telle qu'elle a été présentée. Si l'emplacement des terrains aliénables eût été mal désigné sur le plan, il n'eût pas été annexé aux lettres ; un autre plus exact l'aurait remplacé.

Le sol du théâtre est donc compris pour une partie importante dans l'autorisation conférée en 1784 : les conséquences de ce fait sont faciles à saisir.

Le feu Prince était propriétaire libre de cette partie du sol et de toutes les constructions; il était en outre propriétaire grevé, dans le système de l'action, du surplus du terrain ; cet excédent, qui comprenait 212 toises sur 630, formait le tiers du sol, mais n'avait une valeur que d'un vingt-quatrième dans le prix total de la propriété : comment l'adjudication serait-elle susceptible d'annulation pour une proportion aussi faible? Tout ce qu'on pourrait demander, si le Prince avait une action ouverte, ce serait soit la ventilation, soit la licitation eu égard à cette faible partie du sol.

On cite l'art. 26 d'un décret du 3 juin 1793, pour appuyer le système de nullité.

On nous permettra de faire remarquer la contradiction des signataires de la consultation : lorsqu'il s'agit de la loi du 5 décembre 1814, ils la récusent, parce qu'elle ne regarde que les biens des émigrés, et qu'elle ne nomme pas les apanages ; et c'est dans un décret exclusivement relatif à la vente des immeubles des émigrés qu'ils vont puiser l'argument que nous discutons : son intitulé et toutes ses dispositions attestent qu'il n'avait pas d'autre objet.

Au surplus, ce décret établissait l'action en résiliation en faveur de l'adjudicataire seul; il la soumettait à la condition de rigueur qu'elle serait demandée dans les deux mois de l'adjudication, passé lequel délai la vente aurait son effet; il ne déclarait pas la vente nulle, mais il accordait seulement la faculté de la faire résilier; il aurait fallu que cette faculté eût été exercée dans les deux mois, ou au moins lorsque les choses étaient entières, et avant le paiement intégral du prix. On voit que la citation n'est pas heureuse.

Nous voulons pousser plus loin la discussion, et prouver que le théâtre eût été susceptible d'être vendu en octobre 1793, même quand aucune partie du sol n'aurait été comprise dans l'autorisation de 1784.

Fixons-nous d'abord sur l'état de la législation. A cette époque, le principe de l'inaliénabilité du domaine public, qui avait régi la France jusqu'en 1790, avait été remplacé par un principe opposé. La loi du 5 novembre 1790 portait, art. 1er : « L'Assemblée nationale dé- » crète qu'elle entend par biens nationaux, 1° tous les biens des » domaines de la couronne; 2° tous les biens des apanages, etc. »

Elle ajoutait, art. 3 : « Tous lesdits biens déclarés nationaux seront » vendus dès à présent. »

Ce principe avait été renouvelé par la loi du 1er décembre suivant, et mis à exécution dans toute la France par les nombreuses aliénations consenties au nom de l'Etat, soit au profit des communes, soit en faveur des particuliers. Ainsi la vente du théâtre ne pouvait trouver aucun obstacle dans l'intérêt du domaine, et dans les règles auxquelles il était alors soumis.

Pouvait-elle en trouver un plus puissant dans le caractère d'apanage, *et dans les droits de l'apanagiste?*

Les lois des 21 septembre et 5 novembre 1790, et 6 avril 1791, avaient prononcé la suppression des apanages; cette dernière avait réservé le Palais-Royal; mais son texte comme son esprit ne comprenaient que le palais, il n'y était rien dit de ses anciennes dépendances. L'article 19 indique que son but unique était de conserver aux membres de la famille royale des palais destinés à leur habitation, sans autre revenu que les rentes apanagères, et les indemnités créées par cette loi.

Au surplus le caractère d'apanage était effacé par la législation entière de 1792 et de 1793.

Le trône renversé, la république proclamée en septembre 1792, la déclaration solennelle que la France ne reconnaissait plus de princes français, la suppression des rentes apanagères comme une conséquence nécessaire de cette déclaration, le décret de déportation contre tous les membres de la famille régnante, contre le Prince lui-même et son père, les lois sur les émigrés déclarées communes aux déportés, ne proclamaient-ils pas hautement l'abolition de ces substitutions d'un ordre plus relevé, dont la splendeur du trône et la qualité de prince étaient le principe, le but et la condition ? Concevrait-on que l'effet eût subsisté lorsque toutes les causes étaient détruites ?

Ainsi la vocation des appelés avait cessé long-temps avant l'adjudication : ou le Palais-Royal était un domaine public comme tous les autres, ou l'abolition des substitutions prononcée en novembre 1792 l'avait atteint, et en avait constitué le feu Prince propriétaire libre : dans les deux hypothèses, il était également aliénable, soit par l'Etat, soit par le Prince.

Il importe peu que ce Prince en ait conservé la jouissance jusqu'à sa mort ; rien de commun entre la propriété et la jouissance. Lors même que la destruction des apanages et des substitutions avait aboli le droit éventuel de l'appelé, le droit actuel du jouissant n'était pas anéanti : s'il n'avait pas la propriété libre, il conservait la jouissance tant qu'elle ne lui était pas ravie par une loi ; c'était lui qui avait créé cette jouissance par ses constructions ; la lui conserver était un acte de justice étranger à la propriété.

Au surplus, tous les droits du Prince actuel, s'il en avait, étaient acquis à l'Etat ; il était émigré, inscrit sur la liste, frappé de confiscation ; la nation le représentait ; elle confondait ses droits d'appelé avec ceux que lui conférait la reversion ; la vocation n'existait plus légalement à son profit ; elle était détruite par son état politique : il n'y avait donc plus que le feu Prince jouissant et l'Etat qui eussent des droits. Lorsqu'ils se sont réunis pour vendre, il est impossible qu'un tiers puisse critiquer leur ouvrage sur le motif que le bien n'était pas aliénable. Il faut se reporter au jour de l'adjudication : à ce moment le Prince avait perdu tous ses droits, tout était aliénable à son égard ; aucun appelé ne conservait des droits même éventuels ; il s'était opéré une *réunion absolue et définitive ou au domaine public, ou à la fortune privée du feu Prince.*

Mais si le théâtre dépendait du domaine public, son adjudication n'aura pas été autorisée par une loi, ni accompagnée des formes prescrites pour les biens nationaux : c'est la seconde nullité proposée.

Une loi spéciale n'était pas nécessaire pour la vente de chaque propriété dans laquelle l'Etat avait un droit.

Cette autorisation, si elle eût été exigée par la législation, résulterait des décrets rendus les 14 septembre 1792, et 1er mai 1793. Le premier accorde au feu Prince le pouvoir qu'il demandait ; il n'a pas répété la nomenclature des objets énumérés dans la pétition ; cela eût été sans utilité ; mais la présomption légale est que l'autorisation a été accordée telle qu'elle avait été réclamée, et pour les mêmes biens.

Quant aux formes, l'autorité qui les avait établies pouvait les modifier ; son seul intérêt était la publicité ; porter l'immeuble à son plus haut prix, voilà quel était le point important. Il est prouvé que le bien était aliénable, qu'aucun droit ne pouvait appartenir à des tiers ; la vente n'intéressait que l'Etat, le Prince et ses créanciers. Un syndicat était organisé ; le mode qu'il suivait obtenait les plus heureux résultats ; déjà des ventes nombreuses avaient été faites : au lieu d'en arrêter le cours, l'Assemblée nationale autorisa la continuation des opérations. Il aurait fallu dépouiller les créanciers de la poursuite ; cette mesure eût été possible : c'était précisément parce qu'ils la redoutaient que les créanciers ont cherché à la prévenir, et ont présenté une pétition qui a provoqué le décret du 1er mai. Ce décret les a autorisés à continuer toutes les opérations prévues par le concordat : la plus importante était la vente des immeubles ; celle du théâtre , spécialement désigné dans la pétition du Prince , était nécessairement comprise dans les autorisations conférées par ce décret ; il était juste que les créanciers , dont un grand nombre l'étaient devenus pour la construction de ce théâtre , pussent en poursuivre la vente. Le droit de propriété appartenant à l'Etat sur une partie du sol était dans une si faible proportion avec la valeur totale que , ne pas appliquer à cette vente la rigueur des principes sur les biens nationaux était moins une disposition de faveur que de justice. Les droits de l'Etat étaient conservés par la présence d'un mandataire spécial.

Les conseils du Prince raisonnent comme si ce décret n'existait pas ; ils voudraient ne lui faire produire aucun effet.

L'opinion unanime de tous ceux qui ont concouru à son exécution en a déterminé le sens véritable : tous l'ont considéré avec raison comme autorisant la vente des immeubles énoncés dans la pétition de monseigneur le Duc d'Orléans père , suivant le mode déterminé par le concordat.

C'est trop nous arrêter sur une discussion qui est surabondante ; complétons l'examen des exceptions qui interdisent la censure de l'adjudication , et protègent le légitime intérêt du tiers détempteur.

§ III.

Décisions , Arrêtés , Actes administratifs.

La plus ancienne comme la plus puissante des décisions auxquelles la propriété du théâtre a donné lieu , est celle portée par le comité des finances , le 28 vendémiaire an 4 ; c'est aussi contre elle que sont dirigés les plus grands efforts ; elle est attaquée dans sa forme matérielle , dans les pouvoirs dont ses auteurs étaient revêtus , enfin , dans l'insuffisance de son prononcé.

Ce combat livré à cet arrêté pourrait être terminé dans un instant. Deux lois spéciales , sous les dates des 8 germinal an 4 et 9 thermidor an 5, avaient fixé les délais dans lesquels les réclamations contre les arrêtés rendus par les comités de la Convention devraient être présentées. Il fallait bien qu'il y eût un terme à la faculté de se pourvoir, et aux incertitudes qu'elle faisait naître : ces délais sont expirés depuis dix-huit ans. Toute critique est tardive. Voyons cependant en quoi elle consiste.

Sur le matériel, on observe que la minute consignée sur un registre n'est revêtue que d'une signature, au lieu de deux qui étaient exigées ; on cite une loi du 2 février 1793, et l'exemple des feuilles d'audience tenues dans les tribunaux, qui doivent porter les signatures des présidens et des greffiers.

Nous ne savons jusqu'à quel point cette critique peut être de la compétence du tribunal ; il nous semble qu'elle tend à faire déclarer l'arrêté nul par un vice de forme, et qu'un tribunal n'a pas plus le droit d'annuler indirectement que directement un arrêté administratif. Je sais que, dans la consultation, on a voulu sauver l'incompétence en donnant pour titre à cette partie de la discussion, *matériellement l'arrêté n'existe pas ;* mais le titre ne change pas la réalité de la discussion : l'arrêté existe matériellement puisqu'il est consigné sur le même registre qui contient tous ses contemporains, puisqu'il y est signé, puisqu'il a été expédié : si un débat est possible, ce ne peut être que sur sa régularité. On voit que nier l'existence d'un acte dont la légalité seule est mise en problème est le moyen favori de la consultation.

Le Tribunal peut-il connaître de l'état et de la légalité du registre ? nous y consentons. Il faut d'abord savoir qu'aucune loi n'avait prescrit aux membres composant les comités de la Convention le mode qu'ils devraient observer pour constater leurs délibérations. Le décret du 2 février 1793 n'avait pas le moindre rapport avec ces comités ; il ordonnait que les signatures des président et secrétaires de la Convention nationale seraient mentionnées dans les expéditions des décrets ; il ne disait pas comment les décrets seraient en minute, s'ils seraient transcrits sur un registre, si le registre serait signé par le président et les secrétaires ; il le disait moins encore pour les comités, dont il ne s'occupait aucunement.

Dans ce silence de la loi chaque comité a suivi le mode qu'il a préféré : celui des finances a le plus souvent fait transcrire sur un registre ses arrêtés, et ordinairement la clôture de chaque séance était signée par deux membres; mais fréquemment aussi des arrêtés étaient rédigés en minute sur des feuilles séparées, signées par le président et le secrétaire, et n'étaient pas transcrits sur le registre ; c'étaient les feuilles qui constituaient les minutes : on en trouverait encore la preuve dans les archives. D'autres fois les transcriptions sur les registres n'étaient revêtues que d'une seule signature ; beaucoup de séances sont restées sans aucune signature.

A la date du 17 vendémiaire an 4, les affaires portées devant ce comité furent si nombreuses qu'il forma deux divisions, qui souvent tenaient séances le même jour. A partir de cette époque, les exemples de séances constatées par une seule signature devinrent plus fréquens : les 21, 24, 27, 28, 29 vendémiaire, 2 brumaire, huit séances qui ne sont signées que par un seul membre, tantôt par le clerc, tantôt par Derazey seul ou par Rouzet. A chacune de ces séances on voit un grand nombre d'arrêtés : faudra-t-il prononcer la nullité de ces arrêtés nombreux pour complaire au système de l'action ? On a imprimé qu'on ne trouvait que trois délibérations sur le registre, y compris celle qui regarde le théâtre, avec une seule signature. Nous ne savons sur la foi de quelle vérification on a annoncé ce fait : les huit séances que nous venons de signaler renferment plus de soixante arrêtés.

Veut-on remonter plus haut, on trouvera les séances des 23 messidor et 14 therminor an 3, signées, la première par Leclerc seul, la seconde par Fourcuy seul, enfin celle du 4 fructidor sans aucune signature. Un grand nombre d'autres sont dans le même état. Voici le résultat des séances tenues depuis le 22 fructidor an 2, époque de l'organisation de ce comité, jusqu'à sa dissolution : cent seize ne sont signées par aucun membre, dix-sept sont signées par un seul.

Les délibérations ne sont pas nulles pour ce motif ; aucune né-

4

cessité de ten'r un registre, moins encore d'y apposer deux signatures : c'éta't un registre d'ordre ; ce comité n'était point assujetti
aux formes rigoureuses des tribunaux. Combien d'administrations
qui n'ont tenu aucun registre, dont les délibérations sont constatées
sur de simples feuilles placées dans les liasses de chaque affaire ! Souvent même ces feuilles sont sans signature, et avec un simple pa-
raphe : on n'en use pas autrement dans tous les ministères.

La transcription et la signature des délibérations prises dans la
séance qui suivait auraient donné au besoin un caractère de fixité
à celles transcrites antérieurement.

Au surplus, nous pouvons abandonner sans danger le registre :
nous aurons un autre original régulier, et revêtu de tous les caractères exigés par nos sévères contradicteurs.

Indépendamment de la transcription sur le registre, l'arrêté a
été rédigé en minute sur une feuille séparée, et signé par MM. Leclerc
et Derazey. Cette minute est dans les archives du comité, au même
lieu où sont déposés ses registres; elle est revêtue des deux signatures
désirées par les conseils du Prince. Nous en produisons une expé-
dition collationnée.

En est-ce assez pour désarmer leur injuste rigueur ? Ce ne sont
plus des expéditions, c'est une minute portant les signatures origi-
nales que nous invoquons.

Ils contestent en second lieu la compétence et les pouvoirs de
ce comité pour prononcer sur l'adjudication.

Mais peut-il bien encore appartenir au Tribunal de connaître
d'une pareille question? Est-ce devant lui qu'on doit proposer l'incompétence ? Si elle est réelle, le Prince ne peut se pourvoir que
devant l'autorité souveraine. Tant que l'arrêté n'aura pas été annulé,
il faudra l'exécuter.

Nous voulons bien nous prêter à cette illusion de la compétence
judiciaire. Suivons les lois invoquées dans la consultation.

La première est celle du 7 fructidor an deux : pour en apprécier
les termes, il faut se rappeler la position politique de la France :
elle n'avait pas de gouvernement, de pouvoir exécutif séparé de la

Convention ; c'était elle qui cumulait tous les pouvoirs. Elle ne pouvait pas les exercer en masse et en assemblée générale ; elle créa donc seize comités : les quatre principaux étaient ceux de salut public, de sûreté générale, des finances et de législation ; c'étaient eux qui étaient connus sous le nom de *comités de gouvernement*.

Effectivement, les attributions qui leur étaient confiées embrassaient les pouvoirs principaux qui constituent un gouvernement. Le comité des finances avait dans les siennes « l'administration » des domaines et revenus nationaux, *l'aliénation des domaines*, » la proposition des lois relatives à cette partie, et les mesures d'exécu- » tion sur les objets dont il avait la surveillance, en se conformant » aux lois déjà rendues. »

A quel degré le comité avait-il ces attributions ? Etait-ce pour ne pouvoir prendre aucune délibération par lui-même, pour être simple organe ou rapporteur de toutes les difficultés particulières et de détail ? Si cela était vrai, il faudrait en dire autant des quinze autres. Qu'on se fasse une idée de ce qui serait arrivé : les seize comités, dans l'impuissance de rien décider, auraient bientôt été encombrés sous le nombre des affaires particulières restées en suspend ; la Convention n'aurait pu suffire à les entendre. Il n'en était pas ainsi. Chacun de ces comités, étant une fraction du gouvernement, avait le pouvoir de prononcer comme aurait fait un pouvoir exécutif pris hors de l'Assemblée. Elle conservait une autorité sur ses comités pour se faire rendre compte si elle l'exigeait, ou pour entendre celui qu'ils jugeaient nécessaire de lui soumettre ; mais s'ils prononçaient, et si elle ne rétractait point leurs décisions, elles étaient définitives. Aussi l'article 28 donnait-il aux comités une autorité immédiate sur les corps administratifs et judiciaires pour l'exécution de leurs arrêtés.

Le décret du 7 fructidor an 2 aurait donc suffi pour conférer au comité des finances le droit de prendre son arrêté du 28 vendémiaire an 4 : il n'excédait pas ses attributions. Une multitude d'autres du même genre existent dans ses registres. Si la Convention a rendu des décrets sur des affaires particulières, soit vente de biens nationaux ou autres, c'a été lorsque les comités les ont jugées ou trop importantes, ou d'un intérêt trop général pour statuer seuls; mais c'étaient des exceptions : le décret du 26 germinal an 3 est de ce nombre. Le comité se fait donner pouvoir de confirmer les adjudications anté- rieures au 1ᵉʳ juin 1793, malgré les irrégularités et vices de forme qui seraient l'ouvrage des administrations. Ce n'est pas pour obtenir l'autorisation de prononcer que le comité a fait rendre le décret : elle lui appartenait; mais c'était pour avoir la faculté, en pronon- çant, de négliger les nullités de forme dont plusieurs adjudications étaient infectées par le fait des administrateurs ; c'était une garantie pour la responsabilité morale qui accompagnait ses décisions vis- à-vis l'Assemblée.

Au surplus, les attributions de ce comité ne peuvent être incer- taines en présence du décret du 1ᵉʳ fructidor an 3 , qui porte » *le renvoi exclusif* de toutes les *questions* relatives à la validité ou » nullité des adjudications des domaines nationaux, ou réputés tels, » au comité des finances, section des domaines. »

Le jurisconsulte qui a rédigé cette partie de la consultation re- marque d'abord que ce décret a été rendu sur la proposition parti- culière d'un membre, et qu'il aurait dû être précédé d'un rapport s'il avait eu pour objet de dépouiller la Convention d'une partie de ses pouvoirs.

Chacun sait que des décrets très-importans et d'un intérêt bien plus élevé que celui-ci, ont été rendus sur la seule proposition d'un membre , sans rapport de comité.

Mais ce décret ne changeait rien aux pouvoirs de la Convention, il ne les altérait en aucune manière ; l'attribution à ses comités existait déjà par la loi du 7 fructidor an 2 : seulement la ligne de séparation entre eux, quelquefois même entre les diverses sections du même comité, n'était pas bien prononcée. Le comité de législation statuait sur des ventes : un décret du 29 vendémiaire an 4 annulle un arrêté pris par ce comité le 3 thermidor sur les adjudications des biens Béthune-Charost; le décret du 1ᵉʳ fructidor an 3 a été porté pour faire cesser ces doutes et ce concours : sa rédaction le prouve ;

« Les questions sont *exclusivement* renvoyées au comité des finances,
» *section des domaines* ». Il y avait donc eu concours; on a voulu fixer
une attribution exclusive à la section des domaines; elle était si peu
nouvelle que cette section avait déjà rendu une foule d'arrêtés en
cette matière.

Sa compétence eût-elle été créée par ce décret, l'arrêté du 28
vendémiaire an 4 ne serait pas moins régulier.

Le renvoi prononcé par ce décret, dit la consultation, n'était
pas accompagné du pouvoir de statuer; il avait pour objet d'ins-
truire tous les Français que cette section était chargée de faire les
rapports relatifs à ces questions.

Quel important objet, quelle grave utilité pour déterminer un
décret ! Il aurait donc fallu en rendre autant qu'il y avait de comités
et même de sections ? Cet objet eût été déjà rempli par le décret
organique du 7 fructidor an 2; celui du 1er fructidor an 3 ne devait
pas obtenir plus de publicité que le premier.

De bonne foi, le renvoi, non-seulement des pétitions, mais *aussi
des questions*, n'emportait-il pas le pouvoir, la mission, l'ordre de
les régler ? Il ne pouvait avoir un autre but, surtout lorsqu'il était
fait à un comité de gouvernement.

N'est-ce pas encore ce qui se pratique aujourd'hui ? La Chambre
des députés renvoie les pétitions qui lui sont adressées aux ministres
qu'elles concernent : n'est-ce pas pour y recevoir les décisions dont
elles sont susceptibles ?

Des attributions aussi positives, qui reposaient d'ailleurs sur l'état
de notre organisation politique, ont-elles été détruites par le décret
daté du 15 vendémiaire an 4 ?

Il aurait, dit-on, renvoyé aux comités de législation et des finances
réunis pour prononcer à l'avenir sur la validité des ventes de biens
nationaux, et l'arrêté du 28 n'a été pris que par le comité des
finances.

Si ce décret avait eu une existence légale, s'il avait reçu son
exécution, on aurait de la peine à s'expliquer pourquoi le comité des
finances aurait délibéré seul sur la question relative à la validité de

l'aliénation du théâtre français : le fait est déjà une forte objection contre l'argument.

Mais le fait est conforme à tout ce qui s'est passé depuis ce décret allégué jusqu'à la dissolution de la Convention. La réunion des deux comités n'a pas eu lieu pour une seule affaire, du moins elle n'est pas constatée une seule fois sur le registre. Le comité des finances n'en a pas moins continué de prononcer sur les questions relatives à la validité des ventes. Plusieurs arrêtés sur cette matière ont été pris dans les séances des 17, 21, 22, 23, 24, 27, 28, 29 vendémiaire, 2, 4 brumaire, de l'une et de l'autre division. Il faudra donc annuler aussi tous ces arrêtés ? Nous n'aurions pas besoin de rechercher le motif qui a fait négliger ce décret du 15 vendémiaire ; c'était une mesure de police intérieure ; elle est restée sans exécution ; cela suffit : on ne peut punir le sieur Julien de ce fait personnel aux législateurs.

Mais le motif est connu : ce décret n'a point été élevé au rang d'une loi : ouvrage de la précipitation et de l'irréflexion, il est mort à sa naissance. N'ayant point été inséré dans le Bulletin des lois, il n'a pas reçu la publicité nécessaire pour devenir obligatoire : le sieur Julien ne peut être condamné par une disposition qu'il n'a pas connue ni pu connaître ; ce n'est pas une loi pour lui.

On oppose les lois des 26 août 1792 et 14 frimaire, qui interdisaient la publication des décrets rendus sur des affaires particulières, et on allègue que celui du 15 vendémiaire a été envoyé aux deux comités de législation et des finances.

Les décrets intervenus sur des affaires particulières étaient ceux qui intéressaient des individus nommés, et ne pouvaient embrasser des tiers ; mais celui du 15 vendémiaire se serait étendu à tous les acquéreurs de biens nationaux ; certes, il eût été d'un intérêt général. Quelle multitude d'autres décrets d'une moindre importance obtenaient chaque jour les honneurs de la publication ! L'insertion dans la collection de Baudouin était un fait qui lui était personnel, et ne pouvait remplacer la publication légale. Nul n'était obligé de consulter cette collection.

Nous ignorons s'il a été envoyé aux deux comités : on peut en douter ; mais cela ne pourrait lui imprimer le caractère de loi qui était attaché à l'exécution rigoureuse du mode prescrit par la loi du 12 vendémiaire an 4.

Le décret du 1er fructidor an 5, qui renvoyait les questions au comité des finances seul, ayant été inséré au Bulletin, il y avait nécessité d'employer le même mode pour celui du 15 vendémiaire ; il était tellement incomplet que son exécution eût été impossible sans une interprétation. Quel nombre de membres chaque comité devrait-il fournir ? dans quelle proportion devraient-ils délibérer ? quelle serait la quantité de voix exigée pour former un arrêté ? Rien n'était prévu.

Le comité des finances a donc dû continuer de délibérer seul.

Mais son arrêté peut-il avoir l'autorité soit d'une décision, soit d'une confirmation ? Les conseils du Prince lui refusent ce titre et cette puissance ; ils prétendent qu'il n'a rien décidé.

Quoi ! il n'a rien décidé lorsqu'il a déclaré que la salle du spectacle dit *la République* « avait été régulièrement adjugée ; que la » nation n'aurait ni droit ni intérêt à attaquer cette adjudication ! » il n'a rien décidé lorsqu'il a ordonné « qu'il serait délivré aux adju- » dicataires une quittance purement et simplement définitive et pour » solde ! » L'étude des lois est ici inutile ; il ne faut que la raison la plus commune pour reconnaître qu'un pareil arrêté est approbatif de l'adjudication.

Que les conseils du Prince établissent telle distinction que bon leur semble entre les motifs et le prononcé, nous leur dirons que ces distinctions sont inconnues dans le langage administratif. Des arrêtés ne sont pas assujettis aux règles sévères établies pour la rédaction des jugemens ; on ne peut pas isoler les parties qui composent un arrêté ; elles forment un tout indivisible. Que l'approbation soit dans les motifs ou dans le prononcé, elle n'existe pas moins.

Mais ici elle fait partie du prononcé aussi-bien que des motifs. Quel était l'objet du débat ? Le refus fait par le receveur de donner une quittance définitive pour solde et sans réserves. Quel était le prétexte de ce refus ? La nullité prétendue de l'adjudication. Il fallait donc prononcer sur cette nullité pour statuer sur le mérite du refus et sur la nature de la quittance à délivrer ; le comité ne pouvait prescrire la quittance pour solde définitive et sans réserves, sans juger comme question préjudicielle la validité de la vente ; il ne pouvait arriver à la conséquence sans poser le principe duquel elle devait découler. Ainsi le prononcé, d'accord avec les motifs, opère comme eux l'approbation de la vente. Que dire d'un propriétaire dont le mandataire aurait refusé de donner une quittance pour solde et sans réserves, parce qu'à ses yeux la vente ne serait pas régulière, et qui, après mûr examen, aurait consenti un acte portant reconnaissance que l'adjudication est régulière, qu'il n'a ni droit ni intérêt à la contester, et injonction à son mandataire de recevoir et de donner une quittance pure, simple, définitive, sans réserves et pour solde, dont l'ordre aurait été accompli, et qui imaginerait vingt-deux ans après de revenir contre sa déclaration, ses ordres et leur exécution, pour intenter une action en nullité de la vente ? C'est exactement la position du Prince : ce que l'Etat a fait et déclaré, c'est comme s'il l'eût fait et déclaré lui-même.

On voit assez que ce n'est pas le fait seul du receveur qui, en touchant, a délivré la quittance finale, qui constitue l'approbation ; c'est, avant lui, l'arrêté qui lui a tracé sa marche : la conduite du receveur imprime à cet arrêté le sceau de l'irrévocabilité par l'exécution.

On suppose contre son texte qu'il a été une simple mesure provisoire, déterminée par le motif que la vente n'étant pas attaquée, il fallait provisoirement l'exécuter, sauf à statuer lorsque la demande en nullité serait formée. Il n'a rien de provisoire, tout est absolu et définitif ; il ne réserve aucuns droits pour le cas d'une demande en nullité ; il déclare qu'elle est impossible.

A quelle occasion est-il parlé d'une pareille demande ? Le voici. Les régisseurs avaient proposé dans leur avis de confirmer par une disposition expresse l'adjudication ; la commission, qui tenait la place et remplissait les fonctions du ministre des finances, observa que cette disposition était inutile , parce que l'adjudication n'était pas attaquée, et avait par elle-même une existence légale. Le comité adopta l'opinion de la commission, et prononça le maintien de la vente en déclarant que l'adjudication avait été régulière.

On nous demande si cet arrêté ferait notre loi dans le cas où il aurait adopté dans ses motifs la nullité de l'adjudication. Dans cette hypothèse , les tribunaux seraient dans la même impuissance de porter une décision contraire ; il n'y aurait même pas de contestation ; il y a long-temps que la propriété serait rentrée dans le domaine ; le sieur Julien ne l'aurait pas acquise.

On suppose que le comité a pu être trompé, que les adjudicataires n'avaient pas de contradicteurs.

Ils avaient tous les adversaires que les circonstances permettaient. Le bien ne pouvait appartenir qu'à l'Etat ; ses agens seuls pouvaient donc agiter les questions qui l'intéressaient. Les régisseurs , la commission des revenus nationaux, le comité des finances, et plus que tous les autres, le receveur dont le zèle avait engagé le débat, voilà des contradicteurs puissans qui ont tout éclairci.

Sans vouloir discuter ici tous les motifs consignés dans l'arrêté , un mot sur le seul qui ait été critiqué par les conseils du Prince , le défaut d'intérêt pour l'Etat à contester l'adjudication : ce motif n'est pas exact ; suivant eux, parce que le feu Prince n'avait pas autorisé par sa procuration la vente du théâtre.

La procuration ne désignait aucun immeuble, ainsi on pourrait faire le même raisonnement sur chacun de ceux qui ont été vendus en son nom par ses mandataires : cependant elle autorisait , elle voulait la continuation des ventes jusqu'à concurrence du passif. Dans le silence de la procuration , quel guide plus sûr les mandataires ont-ils pu suivre que les autres actes émanés de leur mandant ? Si ce guide les a induits en erreur, le mandant seul en est l'auteur ; seul il en devait la garantie. Dans sa pétition, le feu Prince avait nommé le théâtre comme l'une des propriétés qui restaient à vendre en vertu des lettres patentes de 1784 ; s'il s'était trompé , s'il avait fait partager son erreur à ses mandataires, sa succession devait garantie à l'acquéreur évincé. Sa

5

succession était dans les mains de l'Etat : celui-ci était donc garant de sa propre action s'il provoquait l'annulation de l'adjudication.

A quel résultat allait aboutir cette garantie ? il est facile de le signaler : l'Etat allait remettre en vente la propriété, les anciens adjudicataires l'achèteraient de nouveau, et ils demanderaient à l'Etat, à titre de garantie, tout l'excédent de prix qu'ils se trouveraient obligés de payer pour la seconde adjudication. Ce circuit eût été stérile pour le trésor; on a dû le prévenir.

La ratification, disent enfin les consultés, doit être impuissante, parce que l'arrêté n'énonce pas le motif de la nullité, ni l'intention de réparer le vice sur lequel l'action serait fondée : le comité n'a donc pas ratifié.

Si nous n'écrivions que pour les magistrats éclairés qui doivent juger le procès, peu de mots suffiraient; mais nous devons la lumière à toutes les classes de nos lecteurs.

On distingue en droit deux espèces de ratification, celle qui est expresse, et celle qui est tacite.

La ratification expresse est celle qui se fait par un acte dans lequel on déclare purement et simplement que l'on ratifie un acte préexistant. Cet acte primitif est ratifié, et continue à subsister tel qu'il est : c'est ce que Dumoulin appelle la confirmation *in formâ communi*. Mais quand la ratification est motivée, et qu'elle explique que c'est parce qu'on reconnaît l'acte primitif pour bon, régulier et valable, alors l'acte confirmatif efface tous les vices du premier acte : c'est ce que Dumoulin appelle la confirmation *ex certâ scientiâ*. Voilà les principes posés par les conseils du Prince, page 21 de la Consultation.

Mais les conseils du Prince ne parlent pas de l'autre nature de confirmation, qui n'a pas besoin de cette distinction relative à la seule ratification par acte : c'est la confirmation *tacite* : celle-ci peut exister sans un acte, sans une déclaration formelle que son auteur entend ratifier; elle s'induit de faits, d'actes auxquels la loi attache la force de produire l'effet de la ratification. Il serait contradictoire d'exiger la mention du vice qu'il entend couvrir, et de l'intention où il est de le réparer, de celui qui n'a besoin de faire aucune déclaration, et dont le silence est interprété ou suppléé par les faits et les actes. Pour celui-là la confirmation ou ratification existe lorsqu'il a consenti un acte, ou commis un fait qui ne peut être conciliable avec l'action qu'il dirige ensuite contre l'acte.

Cependant, dans cette dernière espèce de ratification, il faut reconnaître que si l'action tendait seulement à la rescision pour cause de lésion, la simple exécution du contrat par des sommes reçues et des quittances données n'opérerait pas une ratification absolue; mais pour toutes les autres actions tendantes à faire annuler l'acte par vice de forme, par incapacité du vendeur ou autrement, elles sont effacées par l'exécution que donne à la vente celui qui aurait droit de l'attaquer.

Il est de principe élémentaire, par exemple, que si l'immeuble d'un mineur a été vendu par son tuteur sans autorisation, sans formalités, le mineur qui, devenu majeur, exécute la vente, n'est plus admis à exercer le droit qu'il aurait eu de la faire annuler; et cette règle est fondée sur des lois précises.

La loi 10 au Digeste, *de Rebus : eorum qui sub tutelá vel curá sunt;* Voet, en son commentaire sur le Digeste, livre 27, titre 9, n° 14; un arrêt formel rendu par la Cour de cassation le 4 thermidor an 9, décident que la nullité est couverte par les actes d'exécution, par les quittances du prix.

L'article 1338 du Code civil admet le même principe; il porte : « A » défaut d'acte de confirmation ou ratification, il suffit que l'obliga- » tion soit exécutée volontairement après l'époque à laquelle l'obli- » gation pouvait être valablement confirmée ou ratifiée. »

Voilà la ratification tacite qui existait avant le Code, et qu'il a maintenue; ses effets sont définis par le même article du Code; elle emporte la renonciation aux moyens et exceptions que l'on pouvait opposer contre l'acte.

Le sieur Julien réunit toutes les espèces de ratification; l'arrêté du 28 vendémiaire an 4, son exécution, le paiement intégral du prix, la quittance pour solde, l'arrêté du 23 thermidor an 8 pris par les Consuls pour traiter avec lui comme propriétaire, et acquérir le théâtre, la décision émanée du ministre des finances le 19 frimaire an 9, qui a été précédée d'un rapport très-détaillé, et motivé principalement sur l'arrêté du 28 vendémiaire an 4 ; un autre arrêté du 29 prairial an 11 qui a ratifié le bail consenti par le sieur Julien à M. Remusat, agissant en vertu des pouvoirs spéciaux qu'il avait reçus à cet effet du ministre de l'intérieur ; le paiement des loyers effectué par le Gouvernement en l'acquit des comédiens français, constituent une ratification tacite qui embrasse un espace de vingt-trois années, et emporterait renonciation aux moyens que l'on pouvait opposer contre l'acte.

Mais la ratification même expresse existe dans l'arrêté avec tous les caractères exigés par les conseils du Prince. Il ne faut pas séparer cet arrêté des rapports qui l'ont préparé, et du refus motivé fait par le receveur qui l'a provoqué : c'est dans ce refus et dans ces rapports des régisseurs et de la commission qu'il faut voir le préambule nécessaire et l'énonciation des moyens sur lesquels aurait été fondée l'action en nullité ; ils y sont nettement et énergiquement présentés. Le comité a manifesté l'intention d'éteindre et de prévenir cette action, soit parce qu'elle n'eût pas été fondée, soit parce qu'elle eût été dénuée d'intérêt : il y a donc tout ce qui est nécessaire pour constituer la ratification expresse, connaissance et énonciation des moyens de nullité, et volonté de les écarter.

Oublierons-nous d'ailleurs qu'il s'agit d'actes administratifs dans lesquels on ne peut pas exiger toute la précision judiciaire ? la volonté doit prévaloir sur les expressions.

La simple exécution par l'autorité administrative est une loi pour les tribunaux, puisqu'ils ne pourraient méconnaître les actes ainsi exécutés sans violer les arrêtés administratifs, ce qui leur est interdit par les lois. Cette interdiction est bien plus rigoureuse lorsque les corps administratifs représentaient l'émigré qui forme l'action : c'est lui-même qui est censé avoir agi, délibéré, exécuté.

Il ne faut pas confondre une pareille exception avec l'autorité de la chose jugée, et citer les règles et les conditions rappelées dans l'art. 1351 du Code. Ces règles, étrangères aux décisions administratives, sont tout-à-fait sans objet dans la cause, puisque l'exception proposée est d'une nature différente, et soumise à d'autres principes.

Qu'on ne dise pas encore que le sieur Julien a reconnu la compétence des tribunaux pour prononcer sur la validité de l'adjudication, puisqu'il les a saisis en l'an 9. Compétens pour prononcer le maintien et l'exécution d'arrêtés administratifs, ils n'ont pas le même pouvoir pour les détruire et les violer. Le sieur Julien n'a d'ailleurs appelé la régie devant l'autorité judiciaire que parce qu'elle l'y avait traduit la première. Cette procédure n'a point dérogé aux droits acquis par les actes administratifs.

Enfin on voudrait présenter les arrêtés des 23 thermidor an 8, 19 frimaire an 9, et 29 prairial an 11 comme provisoires, et laissant la question de propriété incertaine.

C'est une erreur : tous ces arrêtés sont absolus et définitifs ; ils ne pouvaient réserver une question qui aurait impliqué contradiction avec les arrêtés eux-mêmes. Si la lettre d'envoi qui a accompagné le dernier de ces arrêtés adressé par le ministre de l'intérieur à celui des finances a dit qu'il n'entendait pas déroger aux droits de la république, il est impossible de faire prévaloir une simple lettre, ouvrage des bureaux, sur les dispositions réfléchies d'un arrêté, ouvrage du ministre : c'est l'arrêté qui est tout ; les réserves bannales portées dans une lettre d'envoi ne sont rien. L'arrêté a été envoyé officiellement au sieur Julien, il est devenu un titre commun entre lui et l'Etat ; la lettre secrète d'un ministre à un autre ministre a été ignorée, et ne peut former titre.

Il est impossible de prêter une pareille intention au ministre écrivant à un collègue qui, dès le 29 prairial an 9, avait prononcé la validité des ventes des maisons sises cour des Fontaines, les avait maintenues, et avait ordonné au receveur de délivrer aux acquéreurs leurs quittances définitives et pour solde.

Nous négligeons les objections de détails, par exemple, l'incapacité des autorités administratives pour ratifier une vente : dans quelle loi a-t-on pris cette maxime ? Les fonctionnaires publics peuvent agir pour l'État et l'engager ; les autorités dépositaires du premier pouvoir peuvent approuver une aliénation ; elles sont saisies du droit de prononcer : autrement quel serait le sort des acquéreurs ? exposés à être inquiétés, aucune décision, aucune exécution ne pourraient assurer leur sécurité. C'est après la loi du 5 décembre 1814 qu'on ose proposer une pareille doctrine ! C'est par les tribunaux, gardiens sévères des arrêtés administratifs, qu'on espère la faire consacrer !

Nous pourrions désormais omettre les actes d'approbation émanés du Prince et de ses agens, et qui ont reconnu la propriété du sieur Julien. En est-il de plus directs que de nommer des experts pour limiter les deux propriétés, de paraître à cette opération, d'approuver le procès-verbal, et le plan destiné à fixer les limites respectives ?

On a tort de dire que le seul mandat donné était de prendre des renseignemens, et de les transmettre au conseil du Prince : le pouvoir est transcrit dans le procès-verbal ; il autorisait les experts à opérer, il les constituait arbitres du débat.

Est-ce aussi sans pouvoir que M. Bichet écrivait au sieur Julien le 6 octobre 1814 :

« Le conseil de Monseigneur le Duc d'Orléans, à qui j'ai rendu
» compte, Son Altesse Sérénissime y étant, de la conférence que
» MM. Colin, Samson, Fontaine, et moi avions eue avec vous,
» vous invite de la part du prince à vouloir bien nommer un
» architecte pour, conjointement avec M. Fontaine, architecte de
» Son Altesse Sérénissime, reconnaître *l'étendue de votre propriété*
» *d'après les mesures indiquées par les clauses du procès-verbal*
» *d'adjudication de la salle du théâtre français.* Si vous adoptez
» cette proposition, il sera bon de rédiger un écrit par lequel les
» parties nommeront chacune leurs experts, et détermineront
» l'objet de leur mission. »

Et le 20 décembre suivant : « Il a été rendu compte à S. A. S. Mon-
» seigneur le Duc d'Orléans en son conseil, du consentement que
» vous avez donné à ce que Son Altesse fît ouvrir une porte de
» communication de son palais à la salle du théâtre français,

» Son Altesse Sérénissime m'a chargé de vous faire connaître
» qu'elle a été très-sensible à cette marque de déférence, et qu'elle
» entend *qu'on ne puisse jamais en présumer aucune servitude ni*
» *charge contraire au droit de propriété.* »

Peut-on imaginer des reconnaissances plus formelles, des adhésions
plus positives? C'est plusieurs mois après les ordonnances royales
que le Prince a consacré le droit de propriété, et a reconnu les
nombreux titres du sieur Julien.

Ses conseils se retranchent dans son titre d'apanagiste, dans l'intérêt de l'Etat, dans les droits de ses enfans. Si l'Etat a un intérêt, il
le fera valoir; si les enfans du Prince recueillent des droits, ils les
exerceront; mais il ne s'agit au procès que des droits du Prince; il
ne peut en avoir; il ne peut être relevé des acquiescemens qu'il a
prêtés par des droits et des intérêts étrangers.

Disons donc que la propriété du sieur Julien, reconnue soit par
l'arrêté du comité des finances, soit par une longue série d'actes des
autorités administratives, soit par ceux du Prince et de ses agens, ne
peut plus être mise en problème.

§ IV.

L'autorité de la chose jugée.

Il existe un jugement qui a reconnu le sieur Julien propriétaire;
il a été rendu avec la régie; il a été suivi d'une exécution autorisée par les corps administratifs.

Le Prince l'attaque par une tierce-opposition. Succédant à l'Etat,
il est tenu de toutes les exceptions qui auraient pu être opposées
à la nation. Une tierce-opposition n'aurait pas été recevable de sa
part, parce qu'on ne peut pas attaquer un jugement dans lequel on a
été partie et auquel on a d'ailleurs acquiescé. Il n'existe pas d'acquies-
cement plus positif que l'exécution. Il devient superflu d'examiner si
ce jugement a été obtenu contre l'autorité qui devait être appelée.

Mais cette question, si elle pouvait être élevée, devrait se résoudre contre le Prince. La ligne de séparation entre les attributions de la régie et celles des autres autorités n'était pas toujours bien tracée. L'article 12 de la loi du 12 septembre 1791, l'article 50 de celle du 10 juin 1793, l'article 4 de celle du 10 juillet 1793, la loi du 24 ventose an 7 autorisent à penser qu'elle avait le pouvoir de stipuler les intérêts de l'Etat pour tout ce qui concernait le domaine public.

Mais le fait nous dispense d'examiner le droit général. Le ministre des finances a donné le 12 ventose au 5 la mission expresse à la régie d'intervenir dans le procès, qui était alors indécis, entre le sieur Julien et ses vendeurs; d'élever dans ce procès la question sur la nullité de l'adjudication et d'en former la demande expresse. La régie s'est conformée à cet ordre; elle est intervenue, et a pris des conclusions en nullité de la vente; le procès s'est trouvé ainsi engagé entre la nation et le sieur Julien. Le jugement de l'an 6 n'avait prononcé que sur une exception de forme, le fond restait à régler. Le sieur Julien a appelé en l'an 9 ceux qui étaient demandeurs originaires contre lui, les régisseurs des domaines, pour faire proscrire par l'autorité judiciaire l'attaque dirigée contre la vente, comme elle l'avait été par l'autorité administrative. Il n'a pu connaître que ceux qui s'étaient constitués ses contradicteurs par ordre supérieur.

La loi du 28 pluviose an 8 n'avait rien changé à cet état de chose : en substituant les préfets aux administrations départementales, elle les avait investis des fonctions précédemment exercées soit par elles, soit par les procureurs-géneraux syndics; mais l'attribution confiée expressément par le ministre à la régie le 12 ventose an 5 n'était pas rapportée.

Le Tribunal ne peut porter atteinte à cette attribution émanée de l'autorité administrative : c'est cependant ce qu'on lui demande. Décider que le jugement est susceptible de tierce-opposition parce qu'il a été rendu avec une autorité incompétente, ce serait juger que l'attribution du 12 ventose an 5 était illégale.

§ V.

Prescription de dix ans.

Le sieur Julien invoque une dernière exception qui lui est personnelle, sa longue possession.

Elle a toutes les conditions voulues pour opérer la prescription; elle est établie sur un titre, son contrat d'acquisition; elle est accompagnée d'une bonne foi que n'ont pu obscurcir quelques allégations hasardées dans le principe, et qu'on n'oserait répéter. Un possesseur qui a acquis et payé sur la foi, non-seulement d'une adjudication publique et d'une déclaration faite par le Prince qu'il avait le droit de vendre, mais encore d'une décision prononcée par ceux qui exerçaient toute l'autorité souveraine, ne peut être soupçonné de mauvaise foi.

Enfin il a joui publiquement, et pendant le temps nécessaire pour prescrire.

On invoque pour le Prince l'article 2281 du Code combiné avec l'art. 36 de la loi du 1ᵉʳ décembre 1790, et on exige une possession de trente ans.

Mais cet argument repose sur une confusion d'idées. Lorsque l'art. 2281 a disposé que les prescriptions commencées à l'époque de la publication du Code seraient réglées conformément aux lois anciennes, sauf la réduction à trente ans de celles qui excédaient cette durée, il n'a parlé que des prescriptions qui étaient établies par les lois antérieures, et sur lesquelles le Code n'admettait de différence avec les anciennes lois qu'à l'égard de la durée du temps nécessaire pour les acquérir. Mais il n'a pas compris ni pu comprendre celles qui n'existaient pas avant le Code, et qu'il a créées: celles-ci sont en tous points soumises à la loi de leur création.

Il ne reste donc qu'un point à vérifier. La prescription invoquée par le sieur Julien existait-elle sous l'empire des lois antérieures au Code? Pour résoudre cette question, il faut se rappeler que

6

l'on connaît dans le droit un grand nombre de prescriptions différentes, qui varient suivant les actions qui en sont l'objet, ou les personnes qui les invoque ou auxquelles on les oppose. Ainsi la prescription réclamée sans rapporter aucun titre, et sans avoir besoin de justifier sa bonne foi, est d'une autre nature que celle qui est alléguée par un tiers-acquéreur avec juste titre et bonne foi. La première pourrait exister sans que la seconde soit établie. La première est la disposition générale, la seconde constitue l'exception.

Avant le Code civil la règle générale existait seule à l'égard de l'Etat; une jouissance publique, à titre de propriétaire, pendant quarante ans, pouvait seule, d'après l'art. 36 de la loi de 1790, mettre le possesseur à l'abri de toute recherche : cet article n'appliquait pas au domaine public le principe qui établissait une prescription plus courte en faveur du tiers-acquéreur porteur d'un titre, et protégé par sa bonne foi.

Mais le Code a introduit un autre principe; il a voulu que la règle fût commune à l'Etat et aux particuliers; il leur a fait l'application des mêmes prescriptions. Dès ce moment celle qui était particulière au tiers-acquéreur, possédant en vertu d'un juste titre et de bonne foi, a commencé à courir à son profit. Elle n'a pas continué, puisque la loi ne l'avait pas encore créée; elle est née du Code, et a pris un cours dont le principe est dans le Code.

Quoi de plus de juste que de ne pas traiter de la même manière celui dont la possession sans titre, sans bonne foi, est le fruit de l'usurpation, et celui qui, porteur d'un juste titre, réunit au fait de sa possession le droit et la bonne foi ?

Le Code ne reçoit en cela aucune rétroactivité; il ne change rien aux effets que la possession seule était susceptible de produire; mais il a bien le droit de fixer les effets que la possession et le titre réunis pourront produire à l'avenir. La loi nouvelle, impuissante pour changer les droits qui sont acquis par les conventions des parties, a toujours l'autorité nécessaire pour modifier à l'avenir ceux qui résultent de ses dispositions : la prescription est dans cette classe; elle ne doit son existence qu'à la loi.

On a parlé vaguement de troubles éprouvés par le sieur Julien qui auraient interrompu la prescription. On s'est étrangement mépris. En fait, depuis la promulgation du Code, sa possession a été paisible ; tous les obstacles qui lui ont été suscités sont antérieurs : le dernier est de l'an 11. En droit, ces troubles passagers ayant tous été suivis de nouveaux succès en faveur du sieur Julien, n'auraient fait que donner un nouvel éclat à sa possession, une force nouvelle à la prescription.

Le sénatus-consulte de 1810 n'a jamais opéré l'éviction du sieur Julien ; cela eût été impossible ; cet acte du Gouvernement ne comprenait que le palais, non le théâtre.

Serait-il vrai qu'une propriété respectée et maintenue dans la main de son légitime acquéreur par le Gouvernement le plus tyrannique et le plus usurpateur, malgré le desir ardent qu'il avait manifesté pour sa réunion au domaine, pourrait lui être ravie sous un Gouvernement paternel, essentiellement protecteur des droits acquis et des propriétés privées ?

Faudra-t-il, pour obtenir un succès aussi déplorable, donner l'exemple de la foi publique outragée, d'une loi essentiellement politique et nationale violée presque à sa naissance, des ordonnances royales interprétées et étendues arbitrairement, et méconnues dans les conditions qu'elles imposent à leur bienfait ?

Faudra-t-il autoriser la critique tardive de décisions rendues par des autorités qui exerçaient alors le pouvoir suprême, accueillir la censure des approbations qu'elles ont données à une aliénation consommée de bonne foi, et avec le concours de tous ceux qui pouvaient y avoir intérêt ?

Faudra-t-il livrer à l'examen d'un intérêt, né dans ces derniers temps, la longue série des actes d'exécution et de ratification qui ont suivi et sanctionné cette ancienne adjudication ?

Faudra-t-il écouter une tierce-opposition formée par une partie qui a été représentée dans le jugement qu'elle attaque par une autorité qui avait été spécialement chargée par le Gouvernement de plaider en son nom ?

Faudra-t-il couronner l'oubli de tous les principes par la violation d'une loi qui importe le plus à l'ordre social, parce qu'elle est le plus ferme soutien des propriétés, celle qui constitue la prescription en faveur des tiers-acquéreurs ? C'est leur intérêt qui animait les législateurs en 1814, c'est lui qui a dicté la disposition protectrice du Code, et qui dictera le jugement de la cause.

Monsieur BOURGUIGNON, *Avocat du Roi*;

Mᵉ TRIPIER, *Avocat*;

Mᵉ JUGE, *Avoué*.

De l'Imprimerie de FEUGUERAY, rue du Cloître Saint-Benoît, n° 4.